Der Bildausschnitt des Covers zeigt
Kumen Kannon / Avalokiteshvara, Asuka Periode, im Horin-ji

Die Gesichter von Guan Yin

Verlag und Druck: tredition GmbH,
Halenreie 42, 22359 Hamburg

ISBNs: 978-3-347-01942-3 (Paperback)
        978-3-347-01943-0 (Hardcover)
        978-3-347-01944-7 (e-Book)

Meiner lieben Frau gewidmet

The Faces of Guan Yin

Dennis Maloney

with art by
Mayumi Oda

Die Gesichter von Guan Yin

Dennis Maloney

mit Zeichnungen von
Mayumi Oda

Praise for THE FACES OF GUAN YIN

"Dennis Maloney's poem-glimpses of the fascinating Buddhist figure of Guan Yin draw richly on an almost infinite set of teaching stories and folk tales.

Maloney's poems offer a many-sided, personal, and idiosyncratic introduction to this shape-shifting, gender shifting embodiment of freed thought, feeling, and action. These poems hold a much-needed, supple, inventive reminder of the central teaching of all Buddhism, as held by Guan Yin: that the key to ending suffering is an untethered, unstinting, unlimiting, and utterly unconventional compassion."

~ Jane Hirshfield

"Exquisite and powerful poems about and inspired by the great compassionate Guan Yin, these poems by Dennis Maloney open the door of compassion."

~ Roshi Joan Halifax, Abbot,
Upaya Zen Center

Lob für DIE GESICHTER VON GUAN YIN

„Dennis Maloney's Einblicke in die faszinierende buddhistische Figur von Guan Yin zeichnen ein reiches Bild durch eine fast unendliche Menge von Lehrreden, Geschichten und Volksmärchen.

Maloney's Gedichte bieten vielseitig, persönlich und eigenwillig eine Einführung in diese Formwandlung, Geschlechtsumwandlung, Verkörperung von freiem Denken, Fühlen, und Aktion. Diese Gedichte enthalten eine dringend benötigte, geschmeidige, einfallsreiche Erinnerung an die Zentrale Lehre des gesamten Buddhismus, wie sie von Guan Yin dargestellt wird: Dass der Schlüssel zur Beendigung des Leidens ungebundenes, unerschütterliches, unbegrenztes und absolut unkonventionelles Mitgefühl ist."

~ Jane Hirshfield

„Exquisite und kraftvolle Gedichte über die große mitfühlende Guan Yin und von ihr inspiriert, öffnen diese Gedichte von Dennis Maloney die Tür des Mitgefühls."

~ Roshi Joan Halifax, Abt,
Upaya Zen Center

11

To the often-hidden female lineage of Buddhism,
to the many goddesses in everyday life,
and to the feminine in all of us.

Zur oft verborgenen weiblichen Linie des Buddhismus,
zu den vielen Göttinnen im Alltag,
und für das Weibliche in uns allen.

Known by many names
manifested as:

Avalokiteshvara in India
Kannon in Japan
Guan Yin in China
Chenrezig in Tibet
Quan Am in Vietnam
Gwan Eum in Korea
Kuan Im in Thailand
that spoke the heart sutra

androgynous or
female appearing in
a myriad of forms
through the ages
not a god
but guide

please guide us
through samsara

Bekannt unter vielen Namen,
manifestiert als:

Avalokiteshvara in Indien
Kannon in Japan
Guan Yin in China
Chenrezig in Tibet
Quan Am in Vietnam
Gwan Eum in Korea
Kuan Im in Thailand
das sprach das Herz Sutra

androgyn oder
Frau erscheint in
einer Vielzahl von Formen
durch die Jahrhunderte,
kein Gott,
aber Beschützer

Bitte leite uns
durch Samsara

16

Avalokiteshvara in einem Tempel des Eigen-ji

17

Acknowledgements

With thanks to many teachers: Robert Aitken Roshi, the Kahawai Collective (A Buddhist women's collective at the Diamond Sangha who were among the first to identify the lineage of women teachers in Buddhism), Jikan-sensei, and Mayumi Oda. And to the following authors whose books inspired some of these poems: Sarah E. Truman, Sandy Boucher, John Blofeld, Grace Schireson, and Taigen Dan Leighton.

With gratitude to John Brandi, Renee Gregorio, and especially Elaine LaMattina for looking at early versions of these poems and for her suggestions on the poems and their ordering.

~Dennis Maloney
January 2019

Danksagung

Vielen Dank an viele Lehrer: Robert Aitken Roshi, das Kahawai-Kollektiv (eine buddhistische Frauengruppe im Diamond Sangha, die zu den ersten gehörten, die die Abstammungslinie von Lehrerinnen im Buddhismus gründeten), Jikan-sensei, und Mayumi Oda. Und zu folgenden Autoren, deren Bücher einige dieser Gedichte inspirierten: Sarah E. Truman, Sandy Boucher, John Blofeld, Grace Schireson und Taigen Dan Leighton.

Mit Dankbarkeit an John Brandi, Renee Gregorio, und vor allem Elaine LaMattina für die Suche in frühen Versionen dieser Gedichte und für ihre Anregungen zu den Gedichten und deren Anordnung.

~ Dennis Maloney
Januar 2019

Versions of some of the poems have appeared in the following magazines and anthologies: *Pirene's Fountain*, the *Esalen* catalog, *Southern Florida Review, Water* (A Poet Speaks Anthology), *Trumped* (A Poet Speaks Anthology), and the *Sexuality Poems Anthology*.

Versionen einiger dieser Gedichte sind in folgen-
den Zeitschriften und Anthologien erschienen:
Pirene's Fountain, der *Esalen*-Katalog,
Southern Florida Review, *Water* (A Poet Speaks
Anthologie), *Trumped* (A Poet Speaks
Anthologie) und die *Sexuality Poems Anthology*.

The Faces of Guan Yin

Die Gesichter von Guan Yin

24

Statue von Avalokiteshvara in Kyoto

„Im Südosten scheint der Mond über dem Meer,
der Himmel ist klar. Gedanken entstehen
über die Ewigkeit des Guten im Menschen.
Du zupfst einen Ton aus Deiner saitenlosen Laute.
Wer kann diesen wunderbaren Klang im Wind hören?“

Gedicht vom Gründer-Abt des Eigen-ji
Jakushitsu Genko Roshi (1290-1367)

25

1

In stories we may see you
as an old woman serving tea
at a roadside stand to travelers
who enter with a thirst.

Fragrant green tea appears.
Those who enter filled
with arrogance and ego
are chased away.

Su Tung Po read his poems
to the tea lady and if she
didn't understand them,
he would rewrite them.

She serves tea and wipes
the counter with a clean rag,
the unrecognized teacher
outside the gate.

1

In Geschichten können wir dich sehen
als alte Frau, die Tee serviert
An einem Straßenrand stehen Reisende
die mit Durst eintreten.

Duftender grüner Tee erscheint.
Diejenigen, die eintreten, und
voller Arroganz und Ego sind,
werden weggejagt.

Su Tung Po las seine Gedichte
der Tee-Dame vor und wenn sie
diese nicht verstand,
überarbeitete er sie.

Sie serviert Tee und wischt
die Theke mit einem sauberen Lappen,
der nicht erkannte Lehrer
steht vor dem Tor.

2

Miaozong inquires of the head monk:

Does the Buddha-Dharma distinguish
between male and female form?
Will this be a dharma
interview or a worldly interview?

The head monk replies, "A dharma interview."

Then ask your attendants to leave
and please come in.

When he opened the curtain, Miaozong
was lying face up, naked, on the bed.

"What kind of place is this?" he asks.

Miaozong responds:

The buddhas of the three worlds,
the six patriarchs and all great monks
come from within.

He asks, "Will you allow me to enter?"

Horses may cross but not asses.
This interview is over.

2

Miaozong fragt den Mönchs-Ältesten:

„Unterscheidet das Buddha-Dharma
zwischen männlicher und weiblicher Form?
Wird dies ein Dharma Gespräch sein
oder ein weltliches Gespräch?"

Der Mönchs-Älteste antwortet: „Ein Dharma-Gespräch."

„Bitten Sie Ihre Begleiter zu gehen
und kommen Sie dann bitte herein."

Als er den Vorhang öffnete, lag Miaozong
Gesicht nach oben, nackt, auf dem Bett.

„Was ist das für ein Ort?", fragt er.

Miaozong antwortet:

„Die Buddhas der drei Welten,
die sechs Patriarchen und alle großen Mönche
kommen von innen."

Er fragt: „Darf ich eintreten?"

„Pferde dürfen drüber springen, aber keine Esel.
Dies Gespräch ist beendet."

In 628 A.D.
two fishermen netted
a small golden Kannon
while fishing
and built a small hut
to enshrine it in what
is now Senso-ji,
one of the oldest
temples in Tokyo.

She has remained
hidden since,
deep in the Buddha hall.

Through clouds of incense,
crowds ascend and ascend the stone steps,
drop a few coins in the bin,
bow and clap their hands.

628 n. Chr.
zwei Fischern geht
ein kleiner goldener Kannon
ins Netz, beim Angeln
und sie bauen eine kleine Hütte,
um ihn zu bewahren;
jetzt ist dies der Senso-ji,
einer der ältesten
Tempel in Tokio.

Sie ist geblieben
Seitdem tief versteckt
in der Buddha Halle.

Durch Weihrauchwolken
steigen und steigen Menschenmengen
die Steintreppen hoch,
werfen ein paar Münzen in den Behälter,
verneigen sich und klatschen in die Hände.

4

You sit in zazen
on a seat of lotus leaves
in a grotto of rough rock,
tree roots snaking
though the stones.

Night rain washes
down the mountain,
at dawn everything
green soaked through.

Swirling curves
of energy
strata of bedrock,
a cool breeze,
flowing water,
tongues of flame.

Place of spirits,
passage between worlds,
roaming free, a full moon
deep in the mountains.

4

Du sitzt Zazen
auf einem Sitz von Lotusblättern,
in einer Grotte aus rauem Gestein,
Baumwurzeln schlängeln sich
durch die Steine.

Nachtregen wäscht
den Berg hinunter,
im Morgengrauen ist alles
grün durchnässt.

Wirbelnde Kurven
voll Energie,
Schichten des Grundgesteins,
eine kühle Brise,
fließendes Wasser,
lodernde Flamme.

Ort der Geister,
Durchgang zwischen den Welten,
frei wandernd, ein Vollmond
tief in den Bergen.

5
The tea cake lady asks Deshan

What are you carrying?

Deshan replies "Commentaries
on the diamond sutra."

She says, *I have a question for you.*
If you answer it I will give you a pastry.
If not, you'll have to buy it elsewhere.

The diamond sutra says
past mind can't be grasped,
present mind can't be grasped,
future mind can't be grasped,
What mind does the learned
monk wish to enlighten?

5

Die Teekuchen-Verkäuferin fragt Deshan

Was trägst du da?

Deshan antwortet: „Kommentare
zum Diamant Sutra."

Sie sagt: „*Ich habe eine Frage an dich.
Wenn Du diese beantwortest, gebe ich Dir von dem Ge-
bäck. Wenn nicht, musst Du dieses woanders kaufen.*

*Das Diamant-Sutra sagt
vergangener Geist kann nicht erfasst werden,
gegenwärtiger Geist kann nicht erfasst werden,
zukünftiger Geist kann nicht erfasst werden.
Welchen Geist möchte
der gelehrte Mönch erleuchten?*

6

A vision of Kyoto
as seen at Sanjusangen-do Temple:
Senju Kannon,
thousand armed,

hands holding
bells, wands, flowers, a factory,
waterfalls, mountains,
vajra thunderbolts, lovers, flags,

daggers, the Sanjo Street bridge,
streetcars, tiny stone gardens,
coffeehouses, bars, shops,
a grid of streets, prayer beads,

monks intoning sutras
before dawn,
ashes of friends,
samurai ghosts roaming the streets,

the textile looms of Nishijin,
Toyota taxis, vases, ancient temples,
high rise apartments,
conch shell trumpets, the bullet train,

a fistful of snow, rice paddies,
books, bottles, Dharma wheels,
the wash under the eaves.

6

Eine Vision von Kyoto
wie im Sanjusangen-do Tempel gesehen:
Senju Kannon,
mit tausend Armen,

Hände halten
Glocken, Zauberstäbe, Blumen, eine Fabrik,
Wasserfälle, Berge,
Vajra Blitze, Liebende, Fahnen.

Kreuzung, die Sanjo-Street Brücke,
Straßenbahnen, winzige Steingärten,
Kaffeehäuser, Bars, Geschäfte,
ein Gitter von Straßen, Gebetsperlen,

Mönche, die vor dem Morgengrauen
Sutras intonieren,
Asche der Freunde,
Samurai Geister, welche die Straßen durchstreifen,

die Webstühle von Nishijin,
Toyota Taxis, Vasen, antike Tempel,
Hochhauswohnungen,
Muschelschalentrompeten, der Superexpress,

eine Handvoll Schnee, Reisfelder,
Bücher, Flaschen, Dharma-Räder,
die Wäsche unter der Traufe.

White robe Guan Yin
One leaf Guan Yin
Moon-water Guan Yin
Horse head Guan Yin

Rock cave Guan Yin
Wish-fulfilling gem Guan Yin
Fish basket Guan Yin
Calming Guan Yin

Leaf robed Guan Yin
Pure water Guan Yin
Lotus holding Guan Yin
Extending life Guan Yin

Blue-necked Guan Yin
Nonduality Guan Yin
Fearless Guan Yin
Clam Guan Yin
Child providing Guan Yin

Guan Yin holding a sutra
Guan Yin holding a willow branch
Guan Yin of complete light
Guan Yin viewing waterfalls
One Guan Yin

Weiße Robe Guan Yin
Ein Blatt Guan Yin
Mondwasser Guan Yin
Pferdekopf Guan Yin

Felsenhöhle Guan Yin
Wunscherfüllender Edelstein Guan Yin
Fischkorb Guan Yin
Beruhigende Guan Yin

Blattgewand Guan Yin
Reines Wasser Guan Yin
Lotus haltende Guan Yin
Das Leben verlängernde Guan Yin

Blau-Hals Guan Yin
Nicht-Dualität Guan Yin
Furchtlose Guan Yin
Venus-Muschel Guan Yin
Kind gebärende Guan Yin

Guan Yin hält ein Sutra
Guan Yin, einen Weidenzweig haltend
Guan Yin des großartigen Lichts,
Guan Yin, die Wasserfälle ansieht,
Einzigartige Guan Yin.

8

Why does Guan Yin have
so many hands and eyes?

*It's like reaching back for
your pillow in the dark.*

Do you understand?

*The whole body is covered
with hands and eyes.*

Almost.

Then what do you say?

There's nothing but hands and eyes.

Warum hat Guan Yin
so viele Hände und Augen?

Es ist, als würde man im Dunkeln
nach seinem Kissen greifen.

Verstehst du?

Der ganze Körper ist bedeckt
mit Händen und Augen.

Fast.

Was sagst du dann?

Es gibt nichts als Hände und Augen.

Young and intoxicated
with my own lovely skin,
figure and flawless face,
dressed to kill, despised
by another woman, I
hunted fools
in the marketplace of love.

Head shaved,
wearing robes,
wandering for alms,
I am myself,
no thought,
unbound, without
men or possessions,
those fires
quenched.

Jung und berauscht
von meiner eigenen schönen Haut,
Figur und makellosem Gesicht,
zum Töten gekleidet, verachtet
von anderen Frauen,
ich gejagte Närrin
auf dem Marktplatz der Liebe.

Kopf rasiert,
Roben tragend,
um Almosen bettelnd,
bin ich das Selbst,
kein Gedanke,
ungebunden, ohne
Männer oder Besitztümer,
diese Feuer
gelöscht.

10

I used to be
fragrant as
scented oak with
flowers in my hair.
With old age
I smell like a damp,
matted dog.

My body once
a palace of pleasure
now a house
of pain,
plaster sloughing off.

10

Ich war wie
duftende Eiche mit
Blumen in meinem Haar.
Nun im Alter
rieche ich wie ein feucht
verfilzter Hund.

Mein Körper einmal
ein Palast des Vergnügens
jetzt ein Haus
voller Schmerzen,
abplatzendem Putz gleichend.

11

Raging flame consumes
fifty homes in a flash,
creeps up and down
mountainsides.

Rooted in solid ground
your wings spread, rising
through the inferno,
heat waves undulating in the air
as if space could shift.

Weeks later,
here we stand taking
the bitter taste into our lungs
eyes straining to find the
familiar, charred black trunks
against stark white ash.

If our lives burn well, will we
find poetry in the ashes?

11

Rasende Flamme verzehrt
blitzschnell fünfzig Häuser,
kriecht Berghänge
auf und ab.

In festem Boden verwurzelt
breiten sich deine Flügel aus und steigen auf
durch das Inferno,
Hitzewellen wogen in der Luft,
als ob sich der Raum verschieben könnte.

Wochen später,
stehen wir hier und nehmen
den bitteren Geschmack in unseren Lungen auf.
Augen anstrengend, um die vertrauten,
verkohlten schwarzen Stämme zu finden,
gegen die hell weiße Asche.

Wenn unser Leben gut brennt, werden wir
Gedichte in der Asche finden?

12

I first heard your mantra
chanting as Allen Ginsberg
pumped his harmonium
on the floor of the Everson
Art Museum, Syracuse, 1971,
calming the crowd there
to see John Lennon & Yoko Ono
and rumors of a Beatles reunion
for John's 31st birthday.

The crowd becoming
one body, one trembling sound

behold the jewel in the lotus

om mani padme hum

om mani padme hum

my innermost door
opening just a crack
the first time.

Ich habe den Gesang deines Mantra
zum ersten Mal gehört, als Allen Ginsberg
sein Harmonium auf dem Boden des Everson
Kunstmuseum pumpte, Syrakus, 1971,
die Menge dort beruhigend,
um John Lennon & Yoko Ono zu sehen
und Gerüchte über eine Beatles-Wiedervereinigung
zu John's 31. Geburtstag zu hören.

Die Menge wird
ein Körper, ein zitternder Ton.

Erblicke das Juwel im Lotus

om mani padme hum

om mani padme hum

meine innerste Tür
öffnet sich, nur einen Spalt,
das erste Mal.

13

In a book of goddesses
the poet found a photo
of the Tibetan goddess Tara,
the most beautiful woman
he had ever seen, he thought.

She who is the mother
of the buddhas,
of wisdom and compassion,
with a body of dew,
a face peaceful and smiling,
a tremendous white light
dissolving illusions.

Every once in a while
he would open the book
and look at Tara, and wonder
where she was these days,
how she was getting on.

13

In einem Buch der Göttinnen
fand der Dichter ein Foto
der tibetischen Göttin Tara,
er dachte, dies ist die schönste Frau,
die ich jemals gesehen habe.

Sie, die die Mutter
der Buddhas ist,
der Weisheit und des Mitgefühls,
mit einem Körper wie Tau,
ein friedliches und lächelndes Gesicht,
ein großartiges weißes Licht
Illusionen auflösend.

Hin und wieder
würde er das Buch aufschlagen
und Tara anschauen und sich wundern,
wo sie die ganzen Tage war,
wie es ihr ging.

You may only glimpse
her once or twice
in your life, maybe
at a concert, maybe
the Grateful Dead
or Carlos Santana,

swaying to the band,
seduced by the
guitar singing,
moving inside riffs,
punctuating the beat,
her body sliding
between notes,

unfiltered,
surrendering to
gravity and music,
she is flying,
the walls dancing,
the music giving way.
Transcendence.

Du darfst sie vielleicht
nur einmal oder zweimal
flüchtig in deinem Leben sehen,
vielleicht bei einem Konzert
vielleicht bei Grateful Dead
oder Carlos Santana,

sich zur Kapelle wiegend,
verführt vom Gesang
der Gitarre,
bewegend innerhalb des Riffs,
den Schlag interpunktierend,
rutschte ihr Körper
zwischen die Noten,

ungefiltert,
sich der Schwerkraft
und Musik ergebend,
fliegt sie,
selbst die Wände tanzen,
die Musik vergeht.
Transzendenz.

To reassert their power,
the old men
embrace the twins
of ignorance and arrogance,
find the key to reopen
the half-buried trunks
of hate and bigotry,

summoning darkness
they use our language to manipulate,
distort, deny, and betray.
The judge
renders his verdict:
there was no
terrorist among us.

Do you hear us knocking?

15

Um ihre Macht zu bekräftigen,
umarmen die alten Männer
die Zwillinge
der Unwissenheit und Arroganz,
Finde den Schlüssel zum erneuten Öffnen
der halb-beerdigten Wurzeln
von Hass und Bigotterie,

Beschwörung der Dunkelheit
benutzen sie unsere Sprache, um zu manipulieren,
zu verzerren, zu leugnen und zu verraten.
Der Richter
fasst sein Urteil zusammen:
da war kein
Terrorist unter uns.

Hörst du uns klopfen?

16

Two monks traveling
together come to a
river with a strong
current. As they
prepare to cross they
see a young beautiful
woman who asks
their help to cross.

Even though they have
taken a vow not to
touch a woman, one
monk picks her up and
carries her across the river.

Hours later down the trail
one monk says to the other:
*As monks we are not
permitted to touch a woman.
How could you carry her?*

The other replies:
*I set her down on
the other side
of the river. Why
are you still carrying her?*

Zwei Mönche auf Reisen
kommen zusammen an einen
Fluss mit einer starken
Strömung. Wie sie sich darauf
vorbereiten ihn zu überqueren
sehen sie eine schöne junge
Frau, die zur Überquerung
um ihre Hilfe bittet.

Auch wenn sie ein Gelübde
abgelegt haben, eine Frau
nicht zu berühren, hebt der eine
Mönch sie hoch und
trägt sie über den Fluss.

Stunden später, den Pfad hinunter gehend
sagt der eine Mönch zum anderen:
Als Mönche dürfen wir
eine Frau nicht berühren.
Wie konntest du sie tragen?

Der Andere antwortet:
Ich setzte sie auf
der anderen Seite
des Flusses ab. Warum
trägst du sie noch?

Cherry blossoms hang
from mountain pillows,
my heart threadbare
as they fall
this evening.

In the autumn of life
Rengetsu wrote to another,
said she was under the weather,
often just lying in her hut

she thought it would be
good to die but
then the wind cools,
she hears the cries of wild geese,
watches the moon alone.

Kirschblüten hängen
von den Berghängen,
mein Herz wird schwach
als sie diesen Abend
fallen.

Im Herbst ihres Lebens
schrieb Rengetsu an jemanden,
und sagte, bei diesem Wetter,
liege sie oft nur in ihrer Hütte.

Sie dachte es wäre
gut zu sterben, aber
dann kühlt der Wind,
sie hört die Schreie von Wildgänsen,
betrachtet den Mond allein.

In Noh plays there is
always a traveler,
usually a monk,
who encounters
an ethereal woman

often appearing in
a dream as a ghost
or spirit of a poet,
plum tree, dancer in
a feathery robe,

a mad woman
scooping cherry blossoms
from the stream
who later transforms
into an old woman
mountain spirit
serving dinner
at a mountain inn.

Im No-Theater spielt
immer ein Reisender,
normalerweise ein Mönch,
der eine vergeistigte
Frau trifft;

oft erscheinen ihm im Traum,
als Geist erscheinend,
der Geist eines Dichters,
auf dem Pflaumenbaum, Tänzer in
einer gefiederten Robe,

eine verrückte Frau
schaufelt Kirschblüten
aus dem Bach,
später verwandelt sie sich in
eine alte Frau, oder
in einen Berggeist, der ein
Abendessen in einem
Berggasthof serviert.

Pondering this and that
you try to keep the
bucket together
but the bottom
keeps falling out.

Where water
doesn't collect,
the moon
won't dwell.

When the bottom
fell out, the pale
moon of dawn
was caught
in the rain puddle
that never
seems to fade.

Über dies und das nachdenkend
versuchst du den Eimer
zusammen zu halten,
aber der Boden
fällt immer wieder heraus.

Wo Wasser
sich nicht sammeln kann,
wird der Mond
nicht erscheinen.

Wenn der Boden
heraus fällt,
wird der blasse Mond
der Morgendämmerung
in der Regenpfütze gefangen,
und scheint nie
zu vergehen.

She weaves
words to fill the books
of question and failure,

the way the spider
spends all night
spinning a web that turns
into a jeweled net
glistening with beads
of dew at dawn.

20

Sie spinnt
Worte, um die Bücher
mit Fragen und Fehlern zu füllen,

die Art und Weise wie die Spinne
die ganze Nacht verbringt,
um ein Netz zu spinnen, das sich
in ein Schmucknetz wandelt,
mit glitzernden Perlen
aus Tau, in der Morgendämmerung.

21

Some days our world
seems to unravel,
a coup here, a flood there,
earthquakes, tornadoes,
suicide bombers blossom
violently in Paris, Istanbul,
Bali, Kabul, Baghdad.

We seem to careen from
catastrophe to catastrophe —
a voice at sea crying
in the night, a gunman
walking into a classroom.

How can you contain
these multitudes?

21

An manchen Tagen scheint sich
unsere Welt aufzulösen,
ein Putsch hier, eine Flut dort,
Erdbeben, Tornados,
Selbstmordattentäter entfalten sich
gewaltsam in Paris, Istanbul,
Bali, Kabul, Bagdad.

Wir scheinen von Katastrophe
zu Katastrophe zu rasen —
eine Stimme auf See weint,
in der Nacht geht ein Schütze
in ein Klassenzimmer.

Wie kannst Du diese
Massen eindämmen?

22

In the wind
your voice
reverberates crystal in each
secret heart chamber,
the whole body
becoming an ear.

All creatures
fall silent
inside the cave
of their hearts,
inside their hearing,
a temple.

The clarity
of a star-filled night,
snowfall blanketing
the earth.

Im Wind
Ihre Stimme
reflektiert Kristall in jeder
geheimen Herzkammer,
der ganze Körper
wird ein Ohr.

Alle Kreaturen
verstummen
im Inneren
ihrer Herzen,
im Inneren Ihres Hörens,
ein Tempel.

Die Klarheit
einer sternengefüllten Nacht,
Schneefall bedeckt weiß
die Erde.

Songs of incantation,
songs of despair, some days
we swallow the bitter
taste of this rusted-out life
until we can swallow no more —

burnt, broken,
torn at the seams,
we carry a dark shadow
in the softness of our body,
yet the world goes on.

I look not to see
the damage but
the mended breaks,
the repairs that have
made you more beautiful.

Lieder der Beschwörung,
Lieder der Verzweiflung, einige Tage
wir schlucken den bitteren
Geschmack dieses verrosteten Lebens,
bis wir nicht mehr schlucken können —

gebrannt, gebrochen,
aus den Fugen geraten,
tragen wir einen dunklen Schatten
in der Weichheit unseres Körpers,
doch die Welt geht weiter.

Ich versuche den Schaden
nicht zu sehen, aber
die verbesserten Zäsuren,
die Reparaturen, die haben
dich schöner gemacht.

24

Goddess, you belong to the night.
Do you hear our prayers
or our melancholy praise?

Allow us
to slip beneath
the meaning in our dreams,
the secrets our bodies hold.
Encourage our dance.

Last night I heard your voice,
your words singing to me.
Let us all have that moment
when we choose to surrender.

Göttin, du gehörst zur Nacht.
Hörst du unsere Gebete?
Oder unser melancholisches Lob?

Erlaube uns,
dass wir uns in die Bedeutung
unserer Träume gleiten lassen,
in die Geheimnisse, die unser Körper birgt.
Rege unseren Tanz an.

Letzte Nacht hörte ich deine Stimme,
wie deine Worte zu mir singen.
Lasst uns alle diesen Moment erleben,
in dem wir uns aufgeben wollen.

25

She places her hands
gently on your shoulders,
pulls you close,
whispers in your ear:
Say goodbye.

to the pain that forms
around the heart,
to fears and insecurities,
to chaos, glamour,
to the vehicle that carried
you on so many journeys.

Forget you are a beautiful disaster,
a train careening out
of control.
Slip out of the armor
you think protects you.

To be human is to
embark on that most
profound pilgrimage
to the temple within.

Sie legt ihre Hände
sanft auf deine Schultern,
zieht dich in ihre Nähe,
flüstert in dein Ohr:
Auf Wiedersehen sagend.

Zu dem Schmerz, der sich
im Herzen bildet,
zu Ängsten und zu Unsicherheiten,
zu Chaos, zu Glamour,
zu dem Fahrzeug, das dich
auf so viele Reisen schickt.

Vergiss, dass du eine schöne Katastrophe bist;
ein Zug, der außer
Kontrolle gerät.
Schlüpf aus der Rüstung,
von der du glaubst, dass sie dich schützt.

Mensch sein heißt
sich auf die tiefste
Pilgerfahrt zu begeben,
zum Tempel im Inneren, zum Tempel in Dir.

When we confine you
to the altar we miss
the chance to see you
in your various guises.

Through the music
of the ordinary sounds
of this world, we find you.

The ancient hotel heater
in Amsterdam playing
what sounds like an
Indian raga.

A mother singing
an old folksong
to soothe her daughter
to sleep on the
cross-country flight.

Wenn wir Sie auf den
Altar beschränken entgeht uns
die Chance Sie in Ihren verschiedenen
Verkleidungen zu sehen.

Durch die Musik,
die gewöhnlichen Töne
dieser Welt finden wir Sie.

Die alte Hotelheizung
in Amsterdam hört sich an
wie ein
Indischer Raga.

Eine Mutter summt
ein altes Volkslied,
um ihre Tochter
auf einem Langstrecken-Flug
in den Schlaf zu singen.

The cacophony of the
Shanghai train station
speakers blaring
incomprehensible commands
over the din of the crowd.

In the fields, the mountains,
the flowers, in my body, too,
sound flows constantly like
a stream in a mountain valley
or the stream of city traffic.

Between bell and fish drum
I almost catch
a whiff of your fragrance.

Die Kakophonie des
Bahnhofs von Shanghai,
Lautsprecher dröhnen
unverständliche Befehle
durch den Lärm der Menge.

Auf den Feldern, in den Bergen,
die Blumen, auch in meinem Körper,
Töne fließen ständig, wie
ein Bach in einem Gebirgstal
oder der Strom des Stadtverkehrs.

Zwischen Glocke und Fischtrommel
fange ich fast
einen Hauch von Ihrem Duft.

Goddess of rivers and oceans
with all those arms,
are you strong enough
to hold the earth together
in its slow collapse?

Bathed in warm water
the vibrant colors fade
from the Great Barrier Reef,
bleached coral dying.

From the streams of the Dakotas
to the homes in Flint,
to the plateaus of Tibet,
rivers stink, full of
dead fish and yaks.

Göttin der Flüsse und Ozeane
mit all diesen Armen,
bist du stark genug
die Erde in ihrem langsamen
Zusammenbruch zusammenzuhalten?

In warmem Wasser badend
verblassen die lebhaften Farben
vom Great Barrier Reef,
gebleichte Korallen sterben.

Von den Bächen Dakotas
bis zu den Häusern in Flint,
zu den Hochebenen von Tibet,
stinken die Flüsse, voller
toter Fische und Yaks.

From the Bering Strait
to the islands of the South Pacific,
the ocean eats at the edges
of the land.

A luxury cruise ship finds
a path through the Northwest Passage.
In Miami, they are raising
the streets to cope
with the rising tide.

When the Japanese
mended a prized ceramic, they
filled the cracks with gold
to call attention to the
brokenness of the object.

Is there gold to fill
the cracks we have made
in the beauty of this world?

Von der Beringstraße
zu den Inseln des Südpazifiks,
frisst der Ozean an den Rändern
der Länder.

Ein Luxuskreuzfahrtschiff findet
den Weg durch die Nordwestpassage.
In Miami erhöhen sie
die Straßen, um die steigende
Flut zu bewältigen.

Wenn die Japaner
eine begehrte Keramik flickten,
füllten sie die Risse mit Gold, um
die Aufmerksamkeit auf die
Zerbrochenheit des Objekts zu ziehen.

Gibt es genug Gold,
um die Risse, die wir der Schönheit
dieser Welt zugefügt haben, zu füllen?

In the Jade Buddha Temple,
the Buddha carved
of pure creamy white jade,
encrusted with agates and emeralds,
sits in his moment of enlightenment.

A few blocks away
sits a small storefront filled
with Buddhas and Bodhisattvas.
Look — a statue
of the eleven-faced Guan Yin,
a crown of small heads
above the main one,
three smiling kindly,
three wrathful and scowling,
three with fangs to protect,
and a head of Amitabha
Buddha at the top.

Im Jade-Buddha-Tempel
Ist der Buddha aus reiner
cremeweißer Jade geschnitzt,
besetzt mit Achaten und Smaragden,
sitzt im Augenblick seiner Erleuchtung.

Ein paar Häuserblöcke entfernt
ein kleines Schaufenster, gefüllt
mit sitzenden Buddhas und Bodhisattva's.
Schau — eine Statue
der elfgesichtigen Guan Yin,
eine Krone mit kleinen Köpfen
über dem Haupt,
drei freundlich lächelnd,
drei zornige und finstere,
drei mit den Reißzähnen zum Schutz,
und ein Kopf von Amitabha
Buddha auf der Spitze.

Legend says the Buddha
gave her eleven heads
to hear the cries
of those suffering,
that when she reached out
to those in need her two arms
shattered into pieces and
the Buddha transformed them
into one thousand arms
to reach out to those in need
but perhaps it is we,
humans, who have imagined her
in these various forms.

When a monk asked
Who is Guan Yin?
One teacher answered
she is the figure in the shrine,
another that this very body
was her body, the one we
created, that inspires us.

Die Legende sagt der Buddha
gab ihr elf Köpfe, um
die Schreie von denen
zu hören, die leiden.
Dass der Buddha, als sie ihre Arme ausstreckte,
um den Bedürftigen zu helfen, ihre beiden Arme
in Stücke zerschmetterte und
diese in tausend Arme
verwandelte, um alle Bedürftigen zu erreichen;
aber vielleicht sind es wir,
wir Menschen, die sich *sie*
in diesen verschiedenen Formen vorgestellt haben.

Als ein Mönch fragte:
Wer ist Guan Yin?
Antwortete ein Lehrer:
sie ist die Figur im Schrein;
ein Anderer, dass genau dieser Körper
ihr Körper war, den wir
kreiert haben, der uns inspiriert.

In your most elemental form
you float in the crowns
of thousand-year-old redwoods

Soar on the wings
of a turkey buzzard
suspended between earth and sky

In the voice of ocean
you inhale and exhale
breaking
across rugged rocks

Or shimmer, transparent
streaming radiance
floating in tidal pools
singing the sutra of the sea.

29

In deiner elementarsten Form
schwebst du in den Kronen
von tausend Jahre alten Redwoods

Schwebst auf den Flügeln
eines Truthahnbussards
zwischen Himmel und Erde

In der Stimme des Ozeans
Atmest du ein und aus,
über schroffe Felsen
brechend

Oder schimmerst, transparent,
Strahlen aussendend,
in Gezeitenbecken schwimmend,
das Sutra des Meeres singend.

一葉観音

She carries me

Maynui ©

Kalligraphie von Seki Yuhō Soshun Zenji (1900-1982),
verstorbener Abt des Eigen-ji

Notes

"Known by many names" — After poet Lew
Welch

Samsara refers to the wheel of existence and
the cycles of birth and death.

Miaozong (1095 — 1170), also known as
Wuzhuo, was a Chinese Buddhist nun.

Buddha-Dharma refers to the teachings of the
Buddha and the inner realization of those
teachings.

Dharma is the teachings of the Buddha.

Deshan (819 — 914) was a scholar-monk who
lectured on the Diamond Sutra in China and
was a well-known Zen-Teacher.

Anmerkungen

"Unter vielen Namen bekannt" - Nach dem Dichter Lew Welch

Samsara bezieht sich auf das Rad der Existenz und die Zyklen von Geburt und Tod.

Miaozong (1095 - 1170), auch bekannt als Wuzhuo war eine chinesische buddhistische Nonne.

Buddha-Dharma bezieht sich auf die Lehren der Buddha und die innere Verwirklichung dieser Lehren. Dharma ist die Lehre des Buddha.

Deshan (819 - 914) war ein Gelehrter-Mönch, der Vorträge über das Diamant-Sutra in China gehalten hat und ein bekannter Zen-Lehrer war.

(Übers.: Dharma hat neben der Lehre Buddhas noch weitere Bedeutungen: *Das kosmische Gesetz — die „Große Ordnung" unserer Welt; Manifestationen der Wirklichkeit; Geistinhalte — die Spiegelungen der Dinge im Geist des Menschen*)

Diamond Sutra is one of the central texts of Mahayana Buddhism. "The diamond that cuts through afflictions, ignorance, illusion, or delusion."

Sanjusangen-do Temple is a temple in Kyoto, Japan, which houses a large statue of the (Senju) thousand-armed Kannon (Guan Yin), and one thousand standing life-size statues of the thousand-armed Kannon.

Rengetsu (1791 – 1875) was a Japanese Buddhist nun who was highly regarded as a poet. She was also a skilled potter and painter and expert calligrapher.

Dharani are short sutras that contain formulas of magical knowledge, which consist of syllables with symbolic content (mantras). They can represent the essence of a teaching as well as a certain state of consciousness.

Diamant Sutra ist einer der zentralen Texte des Mahayana-Buddhismus. „Der Diamant der alle Leiden durch schneidet, und Unwissenheit, Illusion oder Täuschung auflöst."

Sanjusangen-do Tempel ist ein Tempel in Kyoto, Japan, in dem eine große Statue des (Senju) tausend-armigen Kannon (Guan Yin) steht, und tausend stehende, lebensgroße Statuen des tausendarmige Kannon.

Rengetsu (1791 - 1875) war eine Japanische Buddhistische Nonne, die hoch angesehen war als Dichterin. Sie war auch eine begabte Töpferin und Malerin und Expertin in Kalligraphie.

Dharani sind kurze Sutras, die Formeln magischen Wissens enthalten, welche aus Silben mit symbolischem Gehalt bestehen (Mantras). Sie können sowohl die Essenz einer Lehre als auch einen bestimmten Bewusstseinszustand repräsentieren.

About the Author

Dennis Maloney is a poet and translator. A number of volumes of his own poetry have been published, including *The Map Is Not the Territory: Poems & Translations and Just Enough.*

His book *Listening to Tao Yuan Ming* was published by Glass Lyre Press in 2015 and a bilingual German/English volume, *Empty Cup*, was published in Germany in 2017. *The Things I Notice Now* was published in 2018 by MadHat Press.

In 2020, a chapbook, *Windows*, with translations in several languages, will appear in Germany from Hochroth Verlag. His works of translation include: *The Stones of Chile* by Pablo Neruda, *The Landscape of Castile* by Antonio Machado, *Between the Floating Mist: Poems of Ryokan*, and *The Poet and the Sea* by Juan Ramon Jimenez.

He is also the editor and publisher of the widely respected White Pine Press in Buffalo, New York, and divides his time between Buffalo, New York, and Big Sur, California.

To learn more, please visit:
WHITEPINE.ORG

Über den Autor

Dennis Maloney ist Dichter und Übersetzer. Eine Anzahl von Bänden seiner Gedichte sind veröffentlicht worden, darunter *The Map Is Not the Territory: Poems & Translations and Just Enough*.
Sein Buch *Listening to Tao Yuan Ming* wurde von Glass Lyre Press im Jahr 2015 veröffentlicht und ein zweisprachiger deutsch / englischer Band, *Leere Tasse — Empty Cup*, wurde 2017 in Deutschland veröffentlicht. *The Things I Notice Now* wurde 2018 von Mad-Hat Press veröffentlicht.

Im Jahr 2020 ein Chapbook, *Windows*, mit Übersetzungen in mehreren Sprachen erscheint in Deutschland vom Hochroth Verlag. Zu seinen Übersetzungsarbeiten gehören: *The Stones of Chile* by Pablo Neruda, *The Landscape of Castile* by Antonio Machado, *Between the Floating Mist: Poems of Ryokan*, and *The Poet and the Sea* by Juan Ramon Jimenez.
Er ist auch Editor und Herausgeber der sehr angesehene White Pine Press in Buffalo, NewYork, und verbringt seine Zeit zwischen Buffalo, New York und Big Sur, Kalifornien.

Um mehr zu erfahren, besuchen Sie bitte:
WHITEPINE.ORG

Übers.: Der erste Abschnitt des HERZ SUTRA lautet:
Der Bodhisattva der Wahren Freiheit, Avalokiteshvara, übt sich tief und gründlich in der Höchsten Weisheit Hannya Haramita und versteht so, dass der Körper mit den fünf Skandhas nur Leerheit ist und durch diese Erkenntnis hilft sie allen, die Leiden.

Einfügung des DAI HI SHU durch den Übersetzer Daikan.

Das Dharani DAI HI SHU wird täglich nach dem HANNYA SHIN GYO und dem SHO SAI SHU rezitiert und lautet wie folgt:

THE GREAT COMPASSIONATE DHARANI

Adoration to the Three Treasures -
Buddha, Dharma and Sangha! Adoration to Avalokiteshvara, the Bodhisattva Mahasattva, the Bodhisattva of Compassion! Adoration to the one who removes all fear and suffering!
Having adored Avalokiteshvara Bodhisattva, may we now recite this glorious Dharani which purifies all beings, which fulfills the wishes of all beings.
Hail to Bodhisattva Mahasattva who embodies the Trikaya, who has the transcendental wisdom.
Hail to Bodhisattva Mahasattva who sustains the highest, the most complete wisdom and who sustains the highest, the most complete wisdom and who is free from all impediments.
Hail to Bodhisattva Mahasattva whose deeds reveal the fundamental purity of all beings.
Hail to Bodhisattva Mahasattva, who wipes away the three evil delusions – greed, anger, and folly.

DHARANI DES GROSSEN MITGEFÜHLS
DAI HI SHU

Ehre sei den drei Juwelen —
Buddha, Dharma, und Sangha! Ehre sei Avalokiteshvara, dem Bodhisattva Mahasattva, dem Bodhisattva des Mitgefühls. Ehre sei dem, der alle Furcht und alles Leiden beseitigt.
Nach dieser Ehrung von Bodhisattva Avalokiteshvara wollen wir nun dieses herrliche Dharani rezitieren, das alle Lebewesen läutert und ihre Bedürfnisse stillt.
Preis sei dem Bodhisattva Mahasattva, der den dreifachen Körper manifestiert und transzendentale Weisheit besitzt.
Preis sei dem Bodhisattva Mahasattva, der ohne Trübung seines Geistes fortfährt, alle Wesen zu retten. Preis sei dem Bodhisattva Mahasattva, der die höchste vollständige Weisheit lebendig erhält und frei von allen Hindernissen ist.
Preis sei dem Bodhisattva Mahasattva, dessen Taten die fundamentale Reinheit aller Lebewesen offenbaren. Preis sei dem Bodhisattva Mahasattva, der die drei üblen Täuschungen ausmerzt: Gier, Zorn und Unwissenheit.

Quick, quick! Come, come! Here, here!
A joy spring up in us. Help us to enter into the realm of great realization.
Avalokiteshvara Bodhisattva, Bodhisattva of Compassion, guide us to spiritual contentment.
Accomplishment, accomplishment!
Having testified to the freedom and compassion of the mind of Avalokiteshvara, having purified our own body and mind, having become as brave as a lion, having become manifest on to all beings, having attained to the Wheel of Dharma and the Lotus Flower, we can now save all beings without hindrance.
May the understanding of the mysterious nature of Avalokiteshvara prevail forever, ever and ever.

Adoration to the Three Treasures –
Buddha, Dharma, and Sangha!
Adoration to Avalokiteshvara, the Bodhisattva Mahasattva, the Bodhisattva of Compassion!
May this Dharani be effective.
Hail!

Schnell, schnell! Kommt her! Kommt her!
Freude entsteht in uns. Hilf uns, die Welt der
großen Erkenntnis zu betreten.
Avalokiteshvara Bodhisattva Mahasattva, Bodhi-
sattva des Mitgefühls, führe uns zur geistigen Zu-
friedenheit. Es werde vollbracht, es werde voll-
bracht.
Nach dem Zeugnis von Freiheit und Mitgefühl
des Geistes von Avalokiteshvara, nachdem wir
wie brave Löwen geworden sind, nachdem wir
mit allen Lebewesen eins geworden sind, nach
Erlangen des Dharma-Rades und der Lotus-
blume können wir nun alle Lebewesen erlösen
ohne Hindernis.
Möge das Verstehen des mysteriösen Wesens
von Avalokiteshvara für immer und ewig erhal-
ten bleiben.

Ehre sei den drei Juwelen –
Buddha, Dharma und Sangha!
Ehre sei Avalokiteshvara, dem Bodhisattva Ma-
hasattva, dem Bodhisattva des Mitgefühls.
Möge dieses Dharani seine Wirkung tun.

Zeitfracht Medien GmbH
Ferdinand-Jühlke-Straße 7
99095 Erfurt, Deutschland
produktsicherheit@kolibri360.de